Hallo!

In der Geschichte findest du an einigen Stellen Profifragen zum Text.

Deine Antworten kannst du mit einem Lesezeichen überprüfen. Das kannst du hinten aus dem Buch herausnehmen.

Es ist dein Lösungsschlüssel!

Aus Verantwortung für die Umwelt hat sich der Fischer Kinder- und Jugendbuch Verlag zu einer nachhaltigen Buchproduktion verpflichtet. Der bewusste Umgang mit unseren Ressourcen, der Schutz unseres Klimas und der Natur gehören zu unseren obersten Unternehmenszielen.

Gemeinsam mit unseren Partnern und Lieferanten setzen wir uns für eine klimaneutrale Buchproduktion ein, die den Erwerb von Klimazertifikaten zur Kompensation des CO_2-Ausstoßes einschließt.

Weitere Informationen finden Sie unter: www.klimaneutralerverlag.de

Weitere Informationen zum Kinder- und Jugendbuchprogramm der S. Fischer Verlage finden Sie unter: www.fischerverlage.de

2. Auflage 2021

Erschienen bei FISCHER Duden Kinderbuch

Fachberatung: Ulrike Holzwarth-Raether
Gestaltungskonzept: Farnschläder & Mahlstedt, Hamburg
Layout: Michelle Vollmer, Mainz
Umschlagkonzept: Frauke Schneider, Wittighausen
Umschlaglayout: Mischa Acker, Brühl

Druck und Bindung:
Grafisches Centrum Cuno GmbH & Co. KG, Calbe
Printed in Germany
ISBN 978-3-7373-3349-8

Mbongis Weg zur Schule

Eine Geschichte aus Afrika

Lutz van Dijk

mit Bildern von Betina Gotzen-Beek

FISCHER Duden Kinderbuch

Inhalt

1. Mbongis größter Wunsch

Thandi ist acht Jahre alt.
Genau wie ihr Bruder Thobile.
Die beiden sind nämlich Zwillinge.
Sie leben in einem kleinen Dorf
in Südafrika.
Und gleich in der Hütte nebenan
wohnt Mbongi, ihr bester Freund.
Ihr allerbester Freund sogar!

Mbongi teilt fast alles
mit Thandi und Thobile.
Seinen roten Ball
und die Pumpe dazu.
Seine Buntstifte
und den Anspitzer dazu.
Manchmal teilt er sogar
Brot und Bananen,
wenn seine Mutter es erlaubt.
Und wenn genug da ist für alle.
Kann man sich
einen besseren Freund wünschen?
Wohl kaum.

Mbongi hat nur ein Bein.
Er ist nur mit
einem rechten Bein geboren worden,
ohne ein linkes Bein.
Einfach so.
Der Doktor wusste auch nicht, warum.
Deshalb sitzt Mbongi oft.
Am liebsten sitzt er
auf seinem roten Kissen.
Aber er kann auch gehen.
Mit Krücken.
Nur nicht so weit.
Das ist ja klar.

Mbongi hat einen zahmen Affen.
Der heißt Big Monkey.
Mbongi teilt auch Big Monkey
mit Thandi und Thobile.
Der Affe hat nur ein Ohr.
Vielleicht hat jemand
sein anderes Ohr abgebissen,
als er klein war?
Niemand weiß es.
Es macht aber nichts,
dass es fehlt.

Big Monkey ist stark.
Obwohl er noch ein Affenkind ist.
Er kann eine ganze Kokosnuss
mit einem Arm heben.
Schau mal!
Da staunen Thandi und Thobile.

Mbongi hat Big Monkey gefunden,
als er noch ein Affenbaby war.
Aus einer Mülltonne
kam damals ein lautes Heulen.
So kläglich und traurig!
Als Mbongi den Deckel der Tonne hob,
sah er das Baby im Müll.
Es lag unter alten Zeitungen
und kaputten Flaschen.
Wie gemein.

Profifrage 1

Wie kam das Affenbaby in die Mülltonne?

- durch Zufall
- in böser Absicht
- aus Versehen

Mbongi hob
den Affen vorsichtig heraus.
Dann gab er ihm Milch zu trinken.
So wurden sie Freunde.
Mbongi sagte: „Macht nichts,
dass du nur ein Ohr hast.“
Und vielleicht dachte Big Monkey:
„Macht nichts,
dass du nur ein Bein hast.“
Das weiß man aber nicht.
Big Monkey kann ja nicht sprechen.

Die beiden verstehen sich trotzdem.
Meistens jedenfalls.
Mbongi gab Big Monkey seinen Namen.
Der ist englisch und bedeutet:
„großer Affe“.
Denn Big Monkey wird einmal
ein großer Affe sein.
Das weiß Mbongi sicher.
Big Monkey wird ihn immer beschützen.
So, wie Mbongi heute
Big Monkey beschützt.
Mbongis afrikanischer Name bedeutet:
„dankbarer Junge“.
Mbongi ist ein dankbarer Junge,
weil er Big Monkey fand.

Mbongi und Big Monkey spielen gern.
Am liebsten mit dem Ball.
Du weißt sicher schon,
welche Farbe Mbongi am liebsten hat?
Genau: Rot!
Rot ist Mbongis Lieblingsfarbe.
Deshalb mag er
seinen Ball und sein Kissen so sehr.
Manchmal spielen
auch Thandi und Thobile mit.
Wenn die zwei zurück sind aus der Schule.

Mbongi ist erst sechs Jahre alt.
Aber nicht mehr lange.
Nächste Woche hat er Geburtstag!
Ab sieben darf man in die Schule.
„Endlich werde ich sieben“,
denkt Mbongi.
„Endlich wird Mbongi sieben“,
denken auch Thandi und Thobile.
Endlich!

Die Zwillinge gehen schon
ein ganzes Jahr zur Schule.
Mbongi hat die Schule noch nie gesehen.
Aber er hat schon viel davon gehört.
Vor allem von Thandi und Thobile.
Dort gibt es viele andere Kinder.
Viel mehr als in seinem kleinen Dorf!
Große und kleine Kinder,
dicke und dünne Kinder
und mutige und lustige Kinder.
So wie bei euch, nicht wahr?

„Die Lehrerin erzählt
tolle Geschichten!“,
berichtet Thandi.
„Und es gibt viele Buntstifte
zum Malen“,
erzählt Thobile.
„Mehr Stifte, als ich habe?“,
fragt Mbongi.
Thobile nickt.
Dann will Mbongi auch in die Schule.
So bald wie möglich.

Profifrage 2

Welche Kinder gibt es
in der Schule? Lies genau.

- mutige und listige
- dürre und dicke
- große und kleine

2. Mbongis beste Freunde

Mbongi sitzt auf seinem roten Kissen.
Er träumt von der Schule
mit den vielen Kindern
und den vielen Buntstiften.
Es gibt hier nur eine einzige Schule:
die Schule hinter dem Hügel.
Thandi und Thobile gehen
jeden Tag den weiten Weg dorthin.
Über die lange, staubige Landstraße.
Erst den Hügel hinauf.
Und dann wieder hinunter.
Sie laufen mehr als eine Stunde.

Aber sie haben jeder zwei Beine.
Und Mbongi?
Weißt du noch?
Wie soll er bloß zur Schule kommen?
Auch Big Monkey hat keine Idee …
Die staubige Landstraße
ist viel zu lang.
Und der Hügel
ist viel zu anstrengend.
Wie soll Mbongi das
mit seinen Krücken schaffen?
Niemals.

Thandi und Thobile schauen sich an.
Sie können ihren Freund
nicht im Stich lassen.
Ihnen muss etwas einfallen.
Aber was?
Schon nächste Woche ist
Mbongis Geburtstag.
Sie denken nach.

Profifrage 3

Was kann man statt „grübeln" noch sagen?

- träumen
- fantasieren
- nachdenken

Zu Hause fragen sie ihre Mutter.
Die weiß aber auch
keine wirkliche Lösung.
„Man müsste einen Rollstuhl
für Mbongi haben“, meint sie.
„Aber der ist viel zu teuer.“
Jedenfalls für die Leute im Dorf.
Auch für Mbongis Eltern.
Deshalb grübeln sie weiter.
Auch auf dem Weg zur Schule
überlegen die Kinder.
Den ganzen langen Weg reden sie kaum.
Sie denken nach.
Jeder für sich.

Thandi schaut fragend zu den Kühen,
die am Wegrand grasen.
Aber die gucken nur freundlich zurück.
Thobile kickt Steinchen vor sich her.
Davon gibt es unendlich viele
auf dem langen und staubigen Weg.
Ganz oben auf dem Hügel
bleiben sie stehen und
schauen sich ratlos um.
Bis zum Meer kann man sehen.
Noch immer haben sie keine Idee.
Zum Glück haben sie noch ein paar Tage
bis zu Mbongis Geburtstag.

Der nächste Tag ist ein Samstag.
Samstags ist keine Schule.
Die Mutter der Zwillinge sagt:
„Heute gehen wir
zum Supermarkt in die Stadt.
Vielleicht finden wir da etwas
für Mbongis Geburtstag!“

„Gute Idee!“, rufen die Zwillinge
wie aus einem Mund.
Mbongi will wissen,
wohin sie gehen.
Aber sie sagen bloß:
„Überraschung!“
Mbongi winkt von seinem roten Kissen.
Auch Mbongis Eltern winken.
Am Montag ist Mbongis Geburtstag.
Noch zwei Tage.

Die Stadt ist weit weg.
Noch weiter als die Schule.
Fast zwei Stunden
muss man laufen.
Über den ersten Hügel
und über einen zweiten Hügel.
Dann läuft man an
den Maisfeldern vorbei.
Schließlich kommt die Farm
mit den Straußenvögeln.

„Die sehen komisch aus
mit ihren Federn am Po“,
findet Thandi.
„Die können spucken“,
sagt Thobile.
Und dann passiert es:
Plötzlich spuckt ein Vogel Strauß
über den Zaun auf Thandis Kopf.
Thobile und Mutter lachen.
Thandi lacht nicht.
Mutter trägt ihr schönstes Kleid.
Gut, dass da kein Vogel Strauß
draufgespuckt hat!

Thandi trägt ihre neuen Turnschuhe.
Thobile hat keine Schuhe.
Das ist aber nicht schlimm.
Denn die Sohlen seiner Füße sind hart
vom vielen Barfußlaufen.
Thobile ist stolz
auf seine starken Füße.
Er kann zum Beispiel Mbongis
roten Ball superweit schießen.
Weiter als alle anderen Kinder im Dorf.

Wie heißt die harte Schicht an den Fußsohlen?

- Netzhaut
- Lederhaut
- Hornhaut

So läuft er auch jetzt
vor Mutter und Thandi.
Er ist der Erste, der ihr Ziel erblickt.
„Ich kann schon die Stadt sehen“,
ruft Thobile.
Wirklich – da ist die Stadt!
Mit einer breiten Asphalt-Straße,
auf der Autos fahren.
Mit einer leuchtenden Ampel,
vor der die Autos bei Rot halten.
Bei Mbongis Lieblingsfarbe!

Den Hügel hinunterzulaufen,
ist viel einfacher.
Es geht auch viel schneller!
Da stehen sie auch schon
vor dem neuen Supermarkt.
„Hier gibt es alles“, sagt Thobile.
„Nur fast alles“, warnt Mutter.
Sie klopft den Staub
von ihrem schönen Kleid.

Thandi wischt mit Papier
ihre neuen Schuhe sauber.
Thobile reibt seine Sohlen
auf einem Fußabtreter beim Eingang.
Jetzt sind sie so weit.
Sie fassen sich bei der Hand
und gehen hinein
in den großen Supermarkt.

Mbongis Vater hatte
zu den Zwillingen gesagt:
„Ihr müsst nichts kaufen.
Hauptsache, ihr kommt
zu Mbongis Feier am Montag!“
Aber die Mutter der Zwillinge
hatte gemeint:
„Schenkt wenigstens etwas Kleines.
Er ist ja euer bester Freund!“
Da hatten Thandi und Thobile
gestrahlt vor Freude.

Sie haben eine tolle Mutter.
Der Vater ist vor langer Zeit
weggegangen.
Es ist nicht so schlimm,
dass er nie wiedergekommen ist.
Er war oft
nicht nett zu Mutter.
Und häufig schrie er sie an.

Profifrage 5

Was ist mit dem Vater der Zwillinge los?

- Er war nie da.
- Er ist wiedergekommen.
- Er ist weggegangen.

Mutter schreit nie.
Und jetzt geht sie sogar
mit ihren Kindern
den weiten Weg zum Supermarkt.

„Wohin gehen wir zuerst?“,
fragt Thobile.
„Zu den Spielwaren!“,
schlägt Thandi vor.
Alle nicken.

3. Ein Geschenk für Mbongi

Auf dem Weg
zu den Spielwaren
entdeckt Thobile einen Eismann.
Es ist ein dünner junger Mann
mit einem weißen Kittel
und einer weißen Mütze.
Er drückt Eiskugeln in kleine Waffeln.
Thandi und Thobile schauen Mutter an,
aber sie sagen nichts.
Betteln ist doof.
Aber Mutter versteht auch so.
Sie lacht
und sagt zu dem dünnen Eisverkäufer:
„Zweimal zwei Kugeln!“

Thandi nimmt zwei Kugeln Erdbeereis.
Thobile nimmt zwei Kugeln Vanilleeis.
Mmmh … Das schmeckt gut
nach dem langen Weg
über die beiden Hügel!
Und dann sind sie bei den Spielwaren.
Was sollen sie nur kaufen für Mbongi?
Ein Malheft für seine Buntstifte?
Oder einen neuen roten Ball?
Der alte wird nämlich
immer öfter schlapp.

Tief in ihrem Herzen wissen sie,
was Mbongi am liebsten möchte:
einen Rollstuhl.
Damit er nach den Ferien
endlich zur Schule kann.
„Ein Rollstuhl ist aber zu teuer“,
sagt Mutter wieder.
„Und hier gibt es auch
keine Rollstühle!“
Thandi und Thobile schauen sich
im ganzen Supermarkt um.
Überall!
Nicht nur bei den Spielwaren.

Mutter hat recht.
Nirgendwo gibt es Rollstühle.
Nicht bei den Lebensmitteln.
Und auch nicht bei der Kleidung.
Thobile fährt zur Sicherheit
mit der Rolltreppe in
den ersten Stock.
Thandi wartet unten.
Auch hier nichts.
„Fehlanzeige!“,
ruft Thobile von oben.
Was nun?

Plötzlich fällt Thandis Blick
auf die lange Warteschlange
an der Kasse.
Alle Kunden haben
einen Einkaufswagen vor sich.
Darin ist alles, was sie gerade
im Laden ausgesucht haben.
Nun müssen sie es bezahlen.

Es gibt so viele volle Einkaufswagen vor der Kasse.
Vielleicht zehn oder sogar zwanzig?
Und noch mehr leere Einkaufswagen sind beim Eingang zum Supermarkt.
Da stehen sie ineinandergeschoben.
„Mehr als fünfzig sind das bestimmt“, denkt Thandi.
Sie schaut Thobile an.
Er denkt das Gleiche wie sie.
Was wohl?

Profifrage 6

Was entsteht bei den Zwillingen gleichzeitig im Kopf?

- Ratlosigkeit
- Verzweiflung
- eine Idee

Die Zwillinge nehmen
ihre Mutter bei der Hand.
Sie ziehen sie zum Eingang,
zu all den leeren Wagen.
„So ein Einkaufswagen
wird ein Rollstuhl für Mbongi!“,
ruft Thandi aufgeregt.
Thobile nickt.

Mutter schwitzt und meint:
„Die sind ja nicht zu verkaufen."
„Das ist klar",
sagt jetzt Thobile.
„Aber wir könnten daraus
einen Rollstuhl für Mbongi bauen."
Jetzt nickt Thandi.
Sie halten nicht immer
so gut zusammen.
Aber heute muss es sein.
Für ihren besten Freund.
Für Mbongi.

Da kommt auch schon
ein älterer Verkäufer.
Er hat einen dicken Bauch
und kaum Haare auf dem Kopf.
Er hat Mutter und die Zwillinge
schon länger beobachtet.
Aber er ist nicht unfreundlich.

Er fragt, ob er helfen kann.
„Ja!“, rufen Thandi und Thobile
wie aus einem Mund.
Dann fragt Thandi den Verkäufer,
ob er vielleicht einen
alten Einkaufswagen hat.
Einen, der billig ist.
Oder vielleicht sogar umsonst.

Der Verkäufer sagt nichts.
Darum redet Thandi weiter:
„Er soll für unseren
besten Freund Mbongi sein."
Noch immer versteht der Mann nicht.
Trotzdem hört er weiter zu.
„Mbongi hat nämlich nur ein Bein",
sagt Thandi.
Und Thobile fügt hinzu:
„Er wird in zwei Tagen sieben
und möchte gern zur Schule.
Aber mit einem Bein
ist der Weg zu weit."

Jetzt versteht der Verkäufer endlich.
Er schaut Mutter an.
Mutter weiß nichts zu sagen.
Aber sie schaut so freundlich zurück,
wie sie kann.
Nach langem Schweigen
sagt der Mann:
„Ach, so ist das.“

Thandi guckt zu Thobile.
Dann schauen beide zu Mutter.
Thandi denkt daran, zu beten,
aber das ist jetzt zu spät.
Immerhin faltet sie die Hände.
Thobile sieht es
und macht es genauso.
Nur der Verkäufer
faltet die Hände nicht.

Er schiebt ein paar
der Einkaufswagen auseinander.
Jetzt hat er gefunden,
wonach er sucht.
„Hier“, sagt er.
„Den könnt ihr haben.“
Der Wagen ist gar nicht so alt.
Der große Drahtkorb ist verbeult,
aber das Wichtigste ist:
Er hat noch alle vier Räder.
Thandi und Thobile strahlen
über das ganze Gesicht.

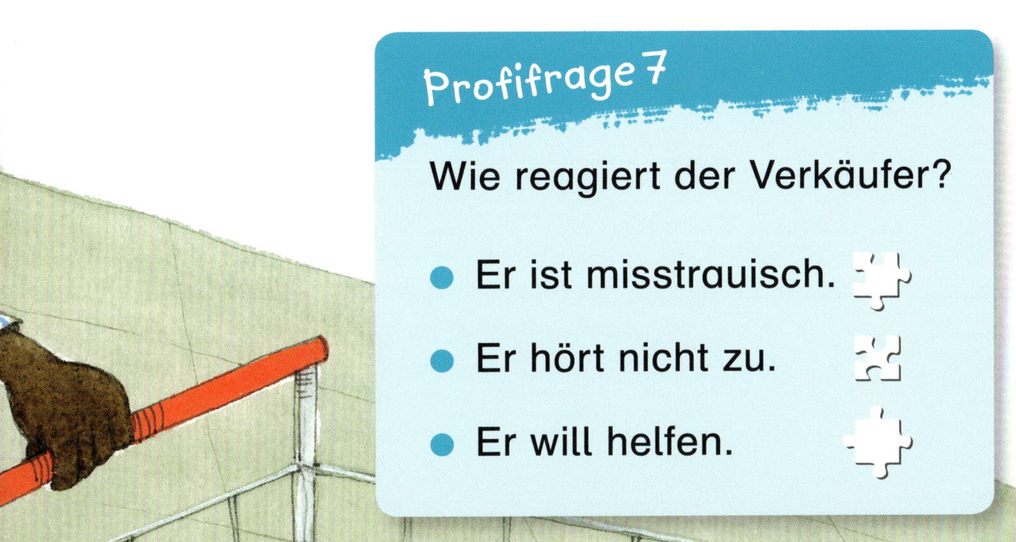

Profifrage 7

Wie reagiert der Verkäufer?

- Er ist misstrauisch.
- Er hört nicht zu.
- Er will helfen.

Mutter fragt, was er kostet.
„Nichts“,
sagt der Verkäufer.
Er strahlt jetzt auch.
„Wir haben noch mehr davon“,
erklärt er.
Dann schiebt er den Einkaufswagen
an der Kasse vorbei zum Ausgang.
„Feiert schön!“, ruft er
den frohen Kindern
und ihrer Mutter hinterher.

4. Mbongis schönste Feier

Schon auf dem Heimweg
probieren Thandi und Thobile
den Einkaufswagen aus.
Am Drahtkorb ist schon
Farbe abgeplatzt.
Aber die vier Räder
haben sogar noch Gummi.
Thobile darf zuerst hineinklettern.
Thandi schiebt ihn
den ersten Hügel hoch.
„Geht gut“, ruft sie froh.

Oben klettert sie hinein.
Dann schubst Thobile
den Wagen leicht an.
Und schon saust er
den Hügel hinunter.
„Hurra!“, ruft Thandi begeistert.
Aber der Wagen rollt immer schneller.
„Hilfe!“, schreit Thandi jetzt,
denn Thobile
hat längst losgelassen.

Profifrage 8

Wie geht es weiter im Text? Aber …

- … der Drahtkorb ist verbeult.
- … der Wagen rollt immer schneller.
- … Thobile hat längst losgelassen.

Immer schneller
geht es den Hügel hinab.
Nirgendwo
hat der Wagen eine Bremse.
Aber nichts Schlimmes passiert.
Unten am Hügel rollt
der Wagen langsam aus.
Thandi klettert erleichtert hinaus.
Daheim verstecken die Kinder
den Wagen in ihrer Hütte.
Denn Mbongi hat ja erst
in zwei Tagen Geburtstag.

Und dann ist er endlich da:
Mbongis siebter Geburtstag!
Alle sind gekommen.
Auch Big Monkey hat ein Geschenk
von seiner Lieblingspalme mitgebracht:
eine riesengroße, frische Kokosnuss.
Die größte Nuss,
die Mbongi je gesehen hat.
„Danke, Big Monkey“, ruft Mbongi froh
und stemmt die Nuss in die Luft.
Big Monkey quiekt fröhlich.

Alle Kinder bekommen Kakao.
Danach wollen Thandi und Thobile
ihr Geschenk überreichen.
Sie holen den Einkaufswagen
aus ihrer Hütte
und schieben ihn hinüber zu Mbongi.
Sie haben den Wagen sogar
mit roter Farbe angestrichen.
Thandi hat auf
ein Pappschild geschrieben:

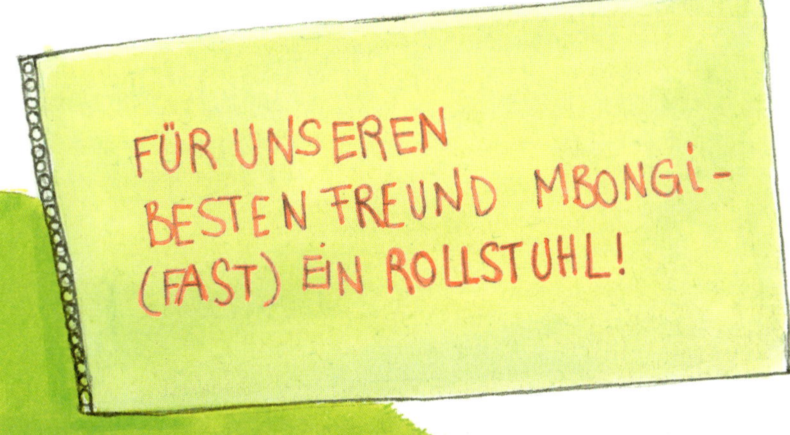

Mbongi ist so froh
über sein Geschenk.
„Das ist viel besser als
ein normaler Rollstuhl“, ruft er.
Die Zwillinge sagen:
„Auf dem Schulweg schieben wir
dich den Hügel hinauf.“
„Und dann rolle ich allein hinunter!“,
ruft Mbongi aufgeregt.
„Kommt nicht infrage!“,
sagt Mbongis Vater.
„Viel zu gefährlich!“

In dem Moment
springt Big Monkey mit
Mbongis rotem Kissen auf den Wagen.
Er schubst das Kissen hinein
und setzt sich darauf.
Alle lachen.

„Darf Big Monkey mit in die Schule?“,
fragt Mbongi.
Ob das in der Schule erlaubt ist?
Niemand weiß es sicher.
Auch nicht Mutter oder
Mbongis Eltern.
Mbongi will es
am ersten Schultag probieren.
Dann wird er mit Big Monkey
in seinem Wagen
zur Schule rollen.
Aber jetzt feiern sie erst einmal
die schönste Feier der Welt!

Für Vollprofis

Jetzt ist die Geschichte zu Ende.
Hier geht's mit Aufgaben für Vollprofis weiter!
Die Lösungen findest du auf der Rückseite.

1. Wo liegt Südafrika?

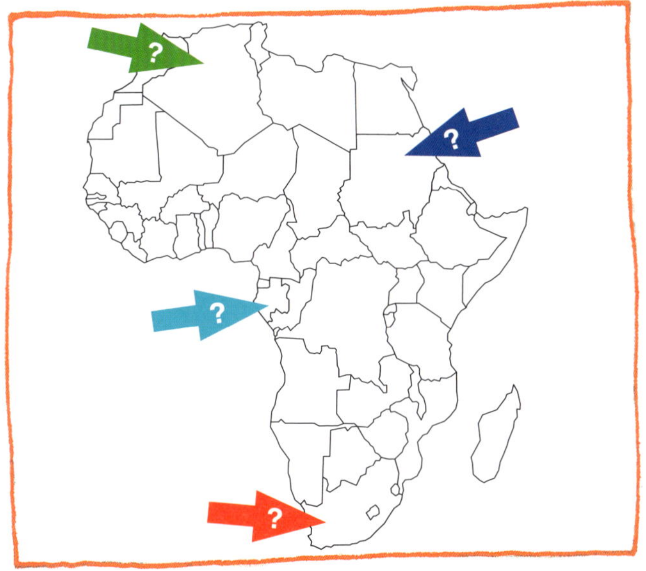

2. Was rollt mit 3 lll?

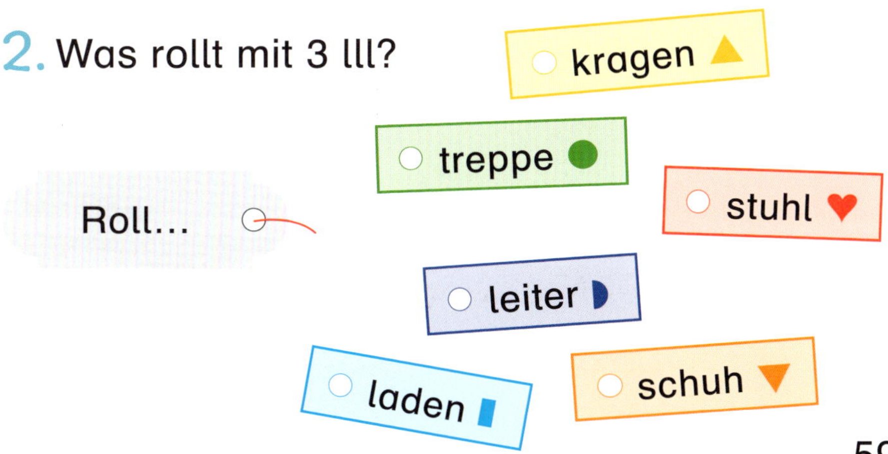

Für Vollprofis

3. Wo hat sich der Affe versteckt?

4. Welche Wörter sind in dem Wort
EINKAUFSWAGEN
versteckt?

Herzlichen Glückwunsch!

Geschafft. Jetzt bist du ein echter Leseprofi! Noch mehr spannende Bücher findest du unter www.duden-leseprofi.de

Lösungen

1. →
2. Rollleiter ◗, Rollladen ▮
3. Schlaraffenland, Waffel, klaffen, schaffen, Giraffe, paffen, Karaffe, Waffe, Kaffee
4. das Ei, ein, in, der Einkauf, der Kauf, auf, wagen, der Wagen …

Das Lesezeichen ist dein Lösungsschlüssel für die Profifragen!

Für jede Antwort findest du ein Puzzleteil.

Wenn es zum Puzzle auf dem Lesezeichen passt, ist die Antwort richtig!